AF476212

RÉPONSE

D'UN ANCIEN TROUPIER

A LA LETTRE DE M. LE DUC D'AUMALE

ADRESSÉE

AU PRINCE NAPOLÉON

PARIS. — IMPRIMERIE DE DUBUISSON ET Ce, RUE COQ-HÉRON, 5.

RÉPONSE

D'UN ANCIEN TROUPIER

A LA LETTRE DE M. LE DUC D'AUMALE

ADRESSÉE

AU PRINCE NAPOLÉON

PARIS

CHEZ TOUS LES LIBRAIRES.

1861

RÉPONSE

D'UN ANCIEN TROUPIER

A LA LETTRE DE M. LE DUC D'AUMALE

ADRESSÉE

AU PRINCE NAPOLÉON

MONSEIGNEUR,

Bien qu'issu de bonne maison, je suis un rustre, un chasseur inculte des montagnes et des forêts, que j'ai habitées, bon gré mal gré, presque toute ma vie. *Reges et Imperatores mihi hæc otia fecerunt.*

C'est tout au plus si je sais lire et écrire; mais, n'ayant pas grand'chose à faire, je me suis régalé de la lecture de votre élucubration, qui m'a paru un peu faible pour avoir été si longtemps méditée.

Excusez ma franchise, mon général; mais, ignorant que je suis des finesses de notre langue, je me suis demandé d'abord si la qualification de *chef de votre dynastie*, comme vous dites de Napoléon III en vous adressant à son cousin, n'était pas une faute qui m'aurait valu un pensum quand j'allais à l'école de mon village. Je croyais que dynastie voulait dire une suite de souverains issus du même sang, et qui ont régné ou règnent encore dans un pays. Si je ne suis pas dans l'erreur, le premier de ces souverains, le fondateur de la dynastie, en est seul le chef, et vous n'employez pas ce mot dans son acception propre.

Ceci est pour vous dire que, sans avoir fait précisément mes classes, je comprends quelquefois; et je crois comprendre ici que, pour vous, il n'y a pas d'autre dynastie légitime que celle qui avait été intronisée par les fameux 221 bourgeois, représentants du monopole électoral, qui même, ai-je entendu dire, ne leur avait donné aucun mandat pour ça.

Vous dites donc que le prince, que vous appelez chef de dynastie, *expiait* à Ham (suivant son expression), etc., etc. Ham est un vilain mot pour vous, et je vous aime mieux quand vous parlez du bon accueil, un peu tardif, que vous auriez fait au vieux roi Jérôme. Quant au Chef de l'Etat, s'il s'est servi réellement du verbe expier, j'en suis fâché pour lui; car, évidemment, à tort ou à raison, Strasbourg et Boulogne ont préparé son avénement. Du moins, c'est l'opinion des ignorants de mon espèce, et on nous compte par milliers dans ce bon pays de France, qui pourrait bien ressembler un peu aux bords du Danube.

Expier, en tous cas, est un mot que le Prince-Président aurait pu laisser de côté sans inconvénient, car si un parti vaincu, faisant de nécessité vertu, se rallie au vainqueur, il faut autant se garder de le repousser que de lui demander pardon de l'avoir attaqué. C'est simple comme bonjour; et la petite attaque que vous dirigez si bien sur les flancs de la smala impériale, prouve la vérité de l'axiome.

Vous méritez de l'avancement, mon général, quand en parlant des Napoléon, vous dites : *Puisqu'il n'y a plus de Bonaparte.* Vous me faites..... j'allais dire sacrebleu! un sensible plaisir; et si jamais vous aviez besoin d'une bouteille de vin de ma cave, quoiqu'elle ne soit pas très bien garnie, je vous l'offrirais de bon cœur. Du jour où ce grand jurisconsulte qui n'a rien de trop court eut trouvé cette étonnante combinaison de faire de la majorité de la famille Bonaparte une famille *civile* (si je savais qu'il eût voulu faire un calembour, je lui emboiterais volontiers le pas dans le sac), de ce jour-là, dis-je, il ne pouvait plus y avoir que des Napoléon. Bonaparte! fi donc! c'était bon tout au plus pour les fils d'un républicain, ou pour le fruit plus ou moins légitime d'une union plus ou moins légale, suivant qu'on l'envisage au point de vue des lois américaines, ou de la jurisprudence du conseil de famille dont ledit jurisconsulte est un des luminaires.

Quoi qu'il en soit, vous avez dit, mon prince, une vérité que je n'aurais osé énoncer, de peur de scandale. Dite, elle est acquise; et je vous remercie.

Mais après Caïphe, Pilate. C'est juste; et vous ne m'en voudrez pas de trouver un peu joli votre *peut-être*, en parlant des peccadilles de vos anciens. Je vous ai dit que je suis chasseur. La chasse est une franc-maçonnerie; et, à ce point de vue, je sympathiserais fort avec le doux petit frère de la reine Margot, n'étaient certains lapins qu'il s'avisa de tirer de la fenêtre du Louvre (grand paresseux), et qui, à tout prendre, étaient un piètre gibier. Je ne dis rien de trop, car la gibelotte était si indigeste, qu'elle pèse encore sur l'estomac de ses héritiers. Si je voulais rappeler d'autres battues plus ou moins bonnes, je ne serais pas en peine; mais nous n'en finirions pas, tant la garenne est bien peuplée.

Votre Altesse est plus dans le vrai quand elle affirme que des divisions ont existé chez toutes les familles qui ont régné.... longtemps, ajoute-t-elle. Cet adverbe n'était sans doute pas nécessaire ; et c'est un triste éloge des institutions monarchiques. Je suis un pauvre diable, mais je suis bien apparenté; et je pourrais vous parler, en parfaite connaissance de cause, de quelqu'un qui était au mieux avec les siens, avant qu'ils eussent gravi les marches d'un trône, et qui depuis.... je me tais par discrétion, comme disait mon brave colonel, qui a laissé ses os en Crimée, et qui avait eu l'honneur de vous approcher de près, quand vous dirigiez l'expédition du Hodna, en 1844.

J'aurais dû dire cependant que j'ai de coupables velléités.... velléités.... républicaines, lâchons le mot, sauf votre respect. Je n'ai pu me décider à changer d'opinion absolument comme de chemise; et la moralité monarchique et domestique que vous faites ressortir, rive encore un peu, je l'avoue, le clou de mes convictions.

Ouf ! quelle tournure de phrase ! j'ai cru que je n'en viendrais pas à bout, et c'est pis que de relever le défaut d'un vieux bouquin.

Vous ne me dénoncerez pas. Un prince n'est pas un espion. Puis vous ne savez pas qui je suis; et, qui que je sois, je vous prie de croire que je trouve votre argumentation passablement acérée quand vous dites au prince Napoléon que, le lendemain de la chute de la République, un républicain austère n'aurait pas dû se réveiller sénateur, grand-cordon, général de division, prince du sang, par droit de naissance.

Mais, si vous êtes juste parfois, quoique sévère, vous touchez souvent à côté. Bravo ! quand vous proclamez que c'est un titre (vous auriez pu dire le seul vraiment valable) d'être un parvenu. Non! quand vous le contestez absolument, ce titre, à Napoléon III. Il y a bien, parbleu ! quelques droits ; car de Boulogne à la plaine de Grenelle, de la place Vendôme à Vincennes, de l'Elysée ou des Tuileries à la guillotine, il n'y avait qu'un pas.

Quelle que soit la carrière que lui ouvrait un nom populaire, il ne fallait pas peu d'intelligence, ni un courage vulgaire, pour parvenir à relever le trône écroulé à Waterloo.

Criez tant que vous voudrez contre le 2 décembre, qui a substitué le coup d'état napoléonien au coup d'état orléaniste que vous espériez. Blâmez le prince Napoléon de s'être montré, si c'est vrai, avec les ennemis quand même de son nom ; mais ne qualifiez pas de représentants de la nation la majorité de l'assemblée, légitimistes, orléanistes, burgraves, bourreaux du suffrage universel, loi fondamentale du pays, loi qui était leur seule raison d'être, et qu'ils venaient de fouler aux pieds. La République n'était pas en question ; elle ne pouvait être à la Xe mairie ; elle était, tout au plus, dans la réconciliation du président avec les républicains qui avaient voté contre la proposition de *vos* questeurs. Dieu n'a pas voulu que cette réconciliation fût possible ; et si les républicains n'ont pas livré à l'assemblée le pouvoir exécutif, celui-ci ne pouvait pas non plus livrer la République aux royalistes.

Vous avez raison, prince, quand vous vous plaignez de la rigidité du jugement du prince Napoléon à l'égard de votre père. Egalité nous a toujours paru digne de la commisération d'un vrai patriote. Que n'a-t-il pas sacrifié, l'infortuné ! et messieurs les démocrates, qui avaient toujours le mot de fraternité à la bouche, n'eussent-ils pas dû lui tenir compte des terribles épreuves qu'il s'était imposées, n'eût-il eu même d'autre mobile que l'ambition? Aussi, prince, si nous étions de vos amis, nous regretterions une sorte de défaillance qui vous fait condamner vous-même votre grand-père, et proclamer qu'il a mérité son sort. Votre appréciation justifie celle du prince Napoléon, et, en vous lisant, je me suis demandé si celle-ci n'est pas sincère.... à moins, cependant, qu'il n'ait craint des rapprochements qu'il pourrait dédaigner.

Vous avez beau jeu de reprocher au prince son nouvel engouement monarchique. Il s'agit, ma foi ! bel et bien de sa personne, et vous voyez qu'il n'est pas d'aussi bonne composition pour les autres. Vous étonneriez-vous qu'il conteste la légitimité du règne de votre père ? Personne ne niera, sans doute, que Louis-Philippe ait été roi. Mais c'était un roi de fait, et ce fait cessé, il ne vous reste plus rien; à moins que vous n'attendiez la mort du comte de Chambord, pour proclamer votre neveu roi de droit divin. Il ne m'appartient pas de vous dire si c'est là ce que vous auriez de mieux à faire, mais, au moins, vous n'y perdriez rien, du côté de la logique.

Maintenant, pour un homme aussi sûr de ses droits, vous êtes par trop susceptible. Vous vous formalisez que le destinataire de votre lettre ne s'incline pas respectueusement devant la mémoire de votre père, et qu'il ne l'appelle pas, comme autrefois, S. M. Louis-Philippe Ier, roi des Français. Allons donc ! ce sont des vétilles qui ne valent pas la peine d'être mentionnées. D'ailleurs, j'ai entendu dire par des gens lettrés que le mot de prince, tout court, n'est pas déjà si mal, et qu'il s'emploie, sans aucune irrévérence, même en parlant des plus grands et des plus légitimes souverains.

Vous n'avez pas la main heureuse, en choisissant parmi vos traditions Jemmapes et Valmy. C'est trop près de Dumouriez. Et puis, ça sent le club des Jacobins que, si j'étais monarchien, j'en aurais mal au cœur.

Plus tard, sous la Restauration, le duc d'Orléans a-t-il été trop libéral, a-t-il donné de trop sages conseils à Charles X? N'avait-il aucune arrière-pensée peu avouable? N'a-t-il jamais conspiré? Ici je fais halte; et tenez, mon commandant, j'aime mieux me brouiller avec vous, coûte que coûte, que de laisser passer cette bourde d'un trop gros calibre. Je rendrais hommage à votre piété filiale, si elle n'était pas un fanion pour votre parti; mais pour croire que votre père était sincèrement libéral, pour croire à ses sages conseils, à son désintéressement; pour croire qu'il n'a jamais conspiré, il faudrait qu'il n'eût point trahi Charles X à son profit. Le mot est dur, mais c'est l'histoire implacable qui le prononce; et si vos 221 bourgeois n'avaient pas tremblé à l'idée seule de demander la sanction populaire, il fut un moment où vous auriez pu espérer, au moins, de placer à côté un bill d'indemnité, octroyé par le seul et vrai maître : le Peuple. Mais non, vous avez préféré vous en moquer, comme vous vous étiez moqués du vieux Charles; et quand vous vous vantez de n'avoir pas canonné Paris, ou ramené l'armée d'Afrique, vous oubliez que nous nous souvenons tous, hélas! de la rue Transnonain et de Lyon.

Vous êtes un habile tacticien, et vous profitez hardiment de vos avantages quand vous parlez de l'accueil *bienveillant* que vous avez fait au vieux roi Jérôme, et de votre munificence à son égard. Vous y mettez même une certaine réserve de bon goût, dont je vous sais gré pour ma part, car elle me donne, à moi, peu rompu aux façons délicates de l'aristocratie, une leçon de générosité et de savoir-vivre. Je ne veux pas dire que vous regrettez les bons procédés que votre père, la veille de sa débâcle, a eus envers son frère ; car il était son frère, puisqu'il avait été roi, roi de Westphalie, par la conquête, qui ne vaut guère mieux, mais qui vaut autant qu'une intrigue et une surprise. Seulement, vous faites une malice cousue de fil blanc quand vous citez l'huissier qui ouvrit la porte du cabinet royal à Jérôme, et qui est encore aux Tuileries. Qu'est-ce que ça prouve, si ce n'est ce que nous savons tous, que vous tenez garnison partout, légitimistes et orléanistes, depuis l'huissier en question jusqu'au maréchal de France, cet autre ami à vous, qui voulait aller au secours du petit Bomba ? Oui, ce sont des choses archi-connues, que nous avons constatées depuis longtemps, à nos dépens ; et quand, un jour de fête et d'illumination, le peuple spirituel de Paris faisait remarquer des N mis partout, c'était une lumineuse facétie.

Je crois être en mesure de vous déclarer qu'il n'est pas vrai que le prince Louis-Napoléon ne fut point malade, quand il vint à Paris avec sa mère. Il l'était gravement, et il pouvait l'être à moins. Ses conspirations avec les républicains sont une pitoyable exagération, et nous lui avons reproché souvent de ne pas pencher un peu plus de ce côté.

Vous ajoutez : « *Louis-Philippe ne tint compte, etc.* » Pardon, c'est une pédanterie d'ignorant; mais ne faudrait-il pas, « *ne tint aucun compte*, ou *ne tint pas compte?* » Faute typographique sans doute ; car un Bourbon, qui n'a rien de Corse, et par conséquent d'Italien dans les veines, doit bien savoir son français.

Commenceriez-vous à vous fâcher, mon général? Ce serait cent fois trop d'honneur que vous me feriez ; mais, pour vous calmer, je vais vous dire, la main sur la conscience, que vous avez cent fois, mille fois raison, quand vous vous récriez, parce que Napoléon Bonaparte, dans un moment d'irréflexion, j'aime à le croire, a parlé de fusiller des républicains. Votre père les a fusillés, d'autres les ont fusillés, mais Napoléon en est innocent. Pourquoi revendiquerait-il une si navrante solidarité? Ce serait une aberration de cœur et d'esprit.

Ce sont d'abominables choses que ces fusillades, depuis le tire-monstre des huguenots jusqu'au duc d'Enghien, à Murat, au cloître Saint-Merri, aux journées de juin. Mais ne vous faites pas le plus beau rôle, quand chacun sait que si, après Strasbourg et Boulogne, il n'y a eu personne de fusillé, ce n'est pas la bonne volonté, mais le pouvoir qui vous a manqué.

Vous avez encore raison quand vous mettez en garde ceux à qui paraissent s'adresser certaines promesses implicites du prince Napoléon; mais vous n'aviez nul besoin de vous donner cette peine. Ils savent parfaitement à quoi s'en tenir depuis longtemps; et tenez, prince, je vous avoue que je connais des Bonaparte, car il y en a encore, que voulez-vous? bien qu'on n'en parle plus. Eh bien! laissez-les tranquilles, et contentez-vous de parler des *Napoléon*. C'est même un conseil hygiénique.

Vous avez, dites-vous, remis la statue du grand homme sur la colonne, recueilli ses cendres aux Invalides, placé son image à Versailles. Sans doute, mais ce n'est pas d'aujourd'hui qu'on vous a dit que c'est une drôle de façon d'honorer les morts que de traquer les vivants, qui n'ont d'autre tort que d'être du même sang. Ne trouvez pas non plus par trop mauvais que la famille du demi-dieu (comme vous dites très convenablement) se glorifie de lui appartenir. Louis-Philippe eût bien voulu être son fils, à ce qu'il disait, quoiqu'il contestât sa légitimité quand il refusait de lui élever une statue équestre, attribut, prétendait-il, des souverains seuls. Illusion! contradiction! Et pourtant ce n'était pas un imbécile.

Donc, la famille du grand capitaine est bien venue de s'englober un peu dans son auréole. N'a-t-elle pas été enveloppée dans sa chute, dans les spoliations et les persécutions indignes qui l'ont suivie, sous tous les régimes, hormis la République, parce que c'était le Peuple qui l'avait faite, celle-là! Et les royalistes des bureaux et des antichambres de l'empire ne vous continuent-ils pas sans opposition, sinon à l'égard des *Napoléon*, du moins envers les autres Bonaparte, en attendant de les accommoder tous à la même sauce?

Ici, mon prince, permettez-moi de rectifier, à bon escient, une erreur d'histoire qui n'est sans doute pas intentionnelle de votre part. Lucien Bonaparte ne s'est jamais réfugié en Angleterre. Une guerre acharnée, guerre d'extermination, était engagée entre son pays et les Anglais, et ce n'est pas à eux qu'il aurait demandé un asile. C'est aux républicains des États-Unis qu'il allait le demander, avec sa famille, quand l'escadre britannique le fit prisonnier.

Quant à Murat, n'en dites rien, croyez-moi, ça vaut mieux, car vous tenez de trop près aux assassins du Pizzo.

Vous n'aimez pas parler de 1815, et mon gros bon sens approuve, en ceci, le vôtre. Parbleu! est-ce que les d'Orléans ne sont pas revenus avec Louis XVIII, dans la sabretache des cosaques? Ce n'est pas votre faute, à vous, sans doute; mais en politique, quand il s'agit surtout d'origines, les fautes, malheureusement, ne sont pas personnelles. Et puis, votre dynastie, si dynastie il y a, n'a-t-elle pas contresigné les traités de 1815?

Vous êtes un soldat fini, mon commandant, mais pour critiquer Napoléon le Grand, vous êtes encore jeune. Érudit comme vous devez l'être en fait d'art et d'histoire militaires, je m'étonne que vous n'ayez pas retenu cette maxime rudimentaire, qu'il faut porter la guerre chez l'ennemi, sans attendre qu'il la porte chez vous. Vos déclamations sur l'hécatombe de Leipsig, c'est de la *blague* renouvelée de la chambre introuvable. Les vieux lauriers de Lafayette et de M. Dupin vous ont empêché de dormir. Les paysans de mon voisinage disent qu'on ne fait pas d'omelette sans casser des œufs. Vous avez pris, dit-on, la smala d'Abd-el-Kader, et c'était joli pour un blanc-bec, car vous n'étiez pas autre chose alors; mais, ô grand vainqueur, sans l'expédition du Hodna, cela ne suffirait pas, sans doute, à vous mettre au-dessus de Napoléon le Grand.

Celui-ci n'a jamais injurié l'armée, quoi que vous en disiez. L'armée était son idole, comme il était celle de l'armée. C'est une salutaire leçon qu'il donnait à tous pour l'avenir, lorsqu'après un affreux désastre il déplorait la panique qui avait stérilisé les savantes combinaisons du chef, et les généreux efforts des soldats. C'est triste, mais c'est vrai! Hélas! il y a des hontes qu'on ne peut effacer de notre histoire : *Sauve qui peut*, et *vivent nos amis les ennemis*. J'ai entendu dire à de vieux contemporains que les royalistes n'avaient pas été étrangers à l'une, ni à l'autre.

Vrai, nous causons par trop à bâtons rompus, mais c'est la faute de votre lettre, que j'ai prise pour thème. Laissant la guerre pour la politique, vous blâmez, avec justice, Napoléon Ier d'avoir sacrifié la nationalité italienne, et vous recherchez les mobiles de son attitude envers le pape. Ces mobiles, pour nous, sont bien simples. C'est que les papes, même les meilleurs, et Pie VII était de ceux-là, sont, par essence, les ennemis de la révolution et de tout ce qui en procède. L'Empereur le savait, et il traita la cour de Rome en conséquence ; car il n'y a pas de plus grande faute en politique que de laisser à ses ennemis des moyens d'action. Voilà tout.

Les instructions que vous citez, en supposant qu'elles ne soient pas apocryphes, ne seraient tout au plus qu'une débauche de conversation dans l'exil. Un Bonaparte eût-il été pape, que ça ne prouverait rien encore ; il suffit de se rappeler la résistance du cardinal Fesch à l'Empereur.

Suivant vous, Napoléon, pour avoir donné des ordres énergiques contre les brigands qui infestaient, comme ils infestent encore aujourd'hui, les provinces napolitaines, ne serait pas resté beaucoup au-dessus de cette bonne reine Caroline tant calomniée. Mon général, vous avez le mot pour rire, et c'est une grande condescendance de votre part dans un sujet aussi lugubre. Je vais vous dire, moi, avec plus de franchise encore que le prince Napoléon, comment les historiens mêmes de votre parti traitent cette intéressante personne. Ils la qualifient de Messaline, doublée de Locuste et de Catherine de Médicis. C'était l'amie de *Fra-Diavolo;* et je connais intimement quelqu'un, dont le père, ayant joué un certain rôle politique au grand jour, faillit être enlevé par ce digne champion de la royauté napolitaine.

Napoléon Ier, dites-vous encore, n'a pas voulu reconstituer l'Italie. Tant pis ! Ah ! mais ! quand vous nous répétez des vérités de ce calibre, et si peu répandues surtout, vous nous forcez à murmurer de nos chefs ; mais cela veut-il dire que Napoléon III tombera dans la même faute? Vous craignez, et nous, nous espérons le contraire.

A côté de cela, votre manifeste a l'air de vouloir nous persuader que vous avez fait quelque chose pour la péninsule. A d'autres; vous en auriez été trop fâchés. Nous nous rappelons, et pour cause, 1831 et les discours de Sebastiani. Glorifiez Rossi tant que vous voulez, profanez le nom du grand gibelin en l'accolant au sien, il est au-dessus de vos atteintes; votre Rossi était l'ennemi de l'Italie; c'était un affreux doctrinaire, comme votre ami Guizot; et si sa mort fut déplorable par la manière dont elle eut lieu, nous estimons, nous, que ce fut un bon débarras pour les Italiens.

Le principe de non-intervention! mais c'était, dans votre bouche, une immense ratière (style Mocquard). L'avez-vous fait respecter par les Autrichiens? Votre présence à Ancône n'a rien empêché, pas même les exécutions sommaires; et vos gendarmes en buffleteries jaunes (nous les voyons encore) livraient les patriotes aux sbires du pape et aux Croates.

Avec plus de fondement, tirez vanité, je ne m'y oppose pas, de la part que vous pouvez avoir prise à l'émancipation de ce noble pays qu'on appelle la Belgique. Mais avouez que la Belgique elle-même peut bien y avoir été pour quelque chose. Loin de nous l'idée de manquer au respect que nous devons au vénérable roi Léopold. Il n'aurait pour lui que l'assentiment peu contesté d'un peuple libre, que nous nous inclinerions à son nom. Mais la vérité nous oblige à dire que ce grand avantage, que vous signalez pour la France, d'avoir sa frontière couverte, dites-vous, par la Belgique, n'est rien moins que prouvé. Je ne parle pas des sentiments généraux du peuple belge, qui naturellement tient à son autonomie, et à ses excellentes institutions. Mais la cour, le pays officiel, sont-ils réellement les amis de la France? Les Belges eux-mêmes ne considèrent-ils pas Anvers comme la tête de pont éventuelle des Anglais contre nous? Est-ce faire preuve de beaucoup de sagesse que de provoquer plus fort que soi? Bien des patriotes éminents de Belgique ne reprochent-ils pas à certains fonctionnaires leur gallophobie? Un jeune représentant n'a-t-il pas engagé dernièrement ses collègues à se défier d'un paratonnerre impuissant à détourner la foudre, mais qui pourrait l'attirer?

Faisons des vœux pour que vous ayez raison, prince, et que jamais des hostilités fratricides, dont l'idée seule glace d'horreur, ne contristent irréparablement les âmes de deux peuples faits pour s'aimer!

Revenant au pape, vous plaidez sa cause. Boum! boum! entrez, messieurs et mesdames! ici l'on montre que l'on pourrait être bien avec le clergé, et qu'on pourrait l'avoir pour soi!

Si j'étais votre ami, monseigneur, j'en serais peiné; mais, comme je n'ai pas cet honneur, je vous laisse le champ libre. Je trouve seulement que vous parlez un peu trop à votre aise des difficultés de la question italienne. Je voudrais bien vous voir tenir la queue de la poêle. Auriez-vous, par hasard, gagné la bataille de Solferino? A coup sûr, vous auriez secouru le petit Bomba; mais vous avez mauvaise grâce de trouver que les *Napoléon* n'ont pas assez fait pour lui. Lui devaient-ils quelque chose, à lui ou aux siens, pour avoir gardé la tête de Murat dans un bocal?

Quant à votre Quiberon italien, l'histoire de la République française vous dit ce qu'on aurait pu faire à ces chouans, grimés en soldats du pape. Ils ne l'eussent pas volé. Qu'allaient-ils faire dans cette galère? Et s'ils avaient pris Garibaldi, dites-moi, s'il vous plaît, comment ils l'auraient traité?

Lamoricière!... ah! j'en suis désolé! Mais n'avait-il pas des engagements sacrés avec la révolution! La dernière phase de sa vie ne prouve-t-elle pas que si, en 1851, il était avec l'assemblée, il n'était pas avec la République? Vos lamentations à son endroit, monseigneur, ne valident-elles pas ce soupçon?

Vous accusez vos adversaires de duplicité en toute chose, et je ne suis pas chargé de vous prouver le contraire. La politique a des ténèbres, et la vôtre en avait aussi, qui n'ont pas été éclairées à votre avantage. Le gouvernement impérial aurait le droit de vous dire: *Lauda finem*. Jusqu'à ce qu'il puisse vous le dire, c'est peut-être (je n'en sais rien, ça va sans dire) de la tactique plus ou moins habile. Au fait, il paraît qu'elle ne l'est pas mal, car, comme vous le reconnaissez vous-même, après les Russes rossés, on a rossé les Autrichiens; ce joli *coco* de duc de Modène, la sœur de M. de Chambord, l'archiduc autrichien, monarque en Toscane, enfin le petit Bomba, tout cela est tombé l'un sur l'autre, comme des capucins de cartes, en attendant que le pape se renferme dans son rôle spirituel, ou qu'il aille les rejoindre. Eh! que diable! mon prince, vous êtes bien impatient dans votre amour des nationalités et de la liberté! Le monde n'a pas été fait en un jour. Attendez et vous verrez. Oui, vous verrez, j'en suis convaincu, les *Napoléon* abattre plus de besogne, au profit de l'Italie, que vous n'en avez jamais rêvé. En tout cas, considérant seulement ce qui s'est fait jusqu'ici, on peut dire, sans vous calomnier, que ce n'est pas Sainte-Aulaire ni Cubières qui en eussent fait autant.

Les fortifications de Paris!... ah! pour celles-là, c'est une sainte et belle chose; et si j'avais eu l'honneur de parler au roi votre père, je lui eusse dit, sans flatterie, que c'est la plus belle page de son histoire... grâce à un Thiers, c'est vrai, et il y a un autre correctif; c'est que j'entendais dire assez généralement, dans le temps, je commence à être vieux, qu'en élevant cette nouvelle merveille du monde, on était autant préoccupé de l'intérieur que de l'étranger.

Vous êtes dur pour le pauvre prince Napoléon, en énumérant ses lauriers de Crimée et d'Italie. Que voulez-vous, mon général? on n'est pas toujours ce qu'on veut. Les Napoléon, comme vous dites, et même les Bonaparte, ont passé la fleur de leur jeunesse dans l'exil. Ils n'ont pas eu le bénéfice des écoles militaires, et le grand enseignement de notre armée. Mais, parce que la fortune vous a jadis favorisé, il ne faut pas être trop fier. Vous voyez qu'il y a des retours, et, heureusement pour vous, grâce à madame de Feuchères, vous avez du foin dans vos bottes, plus qu'eux, qui n'en avaient pas du tout. Qui sait si le prince Napoléon n'aurait pas mieux aimé être à Solferino, plutôt que de ramasser le matériel de madame la duchesse de Parme? En tout état de cause, vous en conviendrez, c'était autant de pris sur l'ennemi.

Maintenant, voulez-vous que, par un trait d'outrecuidante audace, je me permette l'insigne impertinence de vous soumettre l'opinion d'un humble ancien troupier sur *quelques-uns* de ces officiers d'Afrique, que vous vous vantez tant d'avoir formés. A moins que les Français n'aient appris des Arabes à faire la guerre, vous conviendrez, vous qui êtes versé, dit-on, en ces matières, que leur tactique est plus ou moins irrationnelle, et dangereuse dans les grandes combinaisons. Elle a eu la raison de son succès dans le constant héroïsme de nos soldats; mais, si l'incendie se rallume, il faudra bien qu'on en revienne aux vrais principes de l'art, qui ne peuvent rester une lettre morte. Ceci n'ôte rien à la bravoure des officiers en question; mais s'il en est qui, sous la République ou l'Empire, n'aient pas craint de vous donner de coupables marques d'adhésion, on ne les calomnierait pas non plus en disant que le contact arabe a nui chez eux à la loyauté proverbiale du soldat.

Vous ne l'avez pas tournée contre les lois, cette vaillante armée; mais il y avait un loustic, dans mon bataillon, qui vous répondrait qu'heureusement elle a mis la crosse en l'air.

Déblatérez contre la loi Espinasse; vous n'en n'êtes pas justiciable; et il n'y a pas de mal de profiter de votre situation pour battre en brèche une telle horreur. Bon! visez au défaut de la cuirasse! Ça y est! c'est de bonne guerre! Bravo! et tant pis pour ceux que ça concerne.

En finissant, vous formez un vœu pour la France; et c'est bien à vous..... mais pardonnez-moi de vous interrompre et de substituer un instant notre humble voix à la vôtre. Nous formons des vœux, nous, pour que la France continue à nous venger de la sainte-alliance qui vous a ramenés. Nous n'aimons pas le *bon plaisir;* mais le *bon plaisir* est bon, et il fait *plaisir* aux cœurs bien placés, quand il se résume en dictature émancipant les nations.

Je compatis à votre douleur, en voyant tous nos maux; mais ces raisins ne sont-ils pas trop verts, et bons tout au plus pour des..... Napoléon?

Beaucoup de vos ancêtres ont fait horriblement de mal; mais d'autres, à une date éloignée surtout, ont fait de grandes choses, qui le conteste? C'était leur temps. A chacun le sien, et la responsabilité du fruit qu'il sait en tirer. Le petit caporal, cependant, a contribué un peu aussi à notre grandeur; le Peuple s'en est souvenu, et voilà pourquoi il a rappelé les siens. N'oubliez pas que cet indispensable suffrage vous a manqué. Le flot des révolutions, dites-vous, vous a rejetés et ramenés; non, les révolutions vous ont rejetés, mais vous n'avez été ramenés que par l'étranger. Vous vous êtes associés à notre liberté, ajoutez-vous; non!

car ce n'était pas l'avis de la gauche, même dynastique, de votre dernier parlement, et ce n'est pas pour avoir servi la liberté qu'on a démoli votre édifice. Cet édifice, construit Dieu sait comment, vous vous targuez de ne l'avoir jamais mis en péril vis-à-vis de l'étranger. Eh! parbleu! mon capitaine, je vous en défie bien! vous reculiez toujours.

Encore un mot, et j'ai l'honneur de vous saluer. Vous disiez, tout à l'heure, et vous touchiez juste, qu'il n'y a plus de Bonaparte. Voudriez-vous qu'on vous rétorquât l'argument, quand vous distinguez les Bourbons et les d'Orléans? Comment! n'y aurait-il plus de Bourbons non plus? Tant de *sagesse* et tant de *gloire* seraient-elles à répudier? Allez! Bourbons ou Orléans, vous avez tous été chassés par le Peuple, et restaurés par la coalition.

Vous concluez par les paroles de Bonaparte au Directoire : Qu'avez-vous fait de la France? Prince, en mon âme et conscience, je ne puis louer cette fin, mais je vous répète : *lauda finem.*

Et je conclus à mon tour, en souhaitant que la liberté devienne telle que vous puissiez réciter vos élucubrations comme Larochejacquelein et M. Keller, et les distribuer imprimées, sans qu'on ait la naïveté de les saisir. Sans rancune.

Paris, 17 avril 1861.

Paris. — Imprimerie de DUBUISSON et Ce, rue Coq-Héron, 5.

www.ingramcontent.com/pod-product-compliance
Ingram Content Group UK Ltd.
Pitfield, Milton Keynes, MK11 3LW, UK
UKHW020454220726
13923UKWH00006B/2538

9 782019 681135